INVERTIR SIN PERDER DE VISTA LA INFLACIÓN

Las claves para proteger su poder adquisitivo

Por Guillaume Steffens

Traducido por Laura Bernal Martín

Economía y empresa

en50MINUTOS.es

LAS CLAVES PARA EL ÉXITO

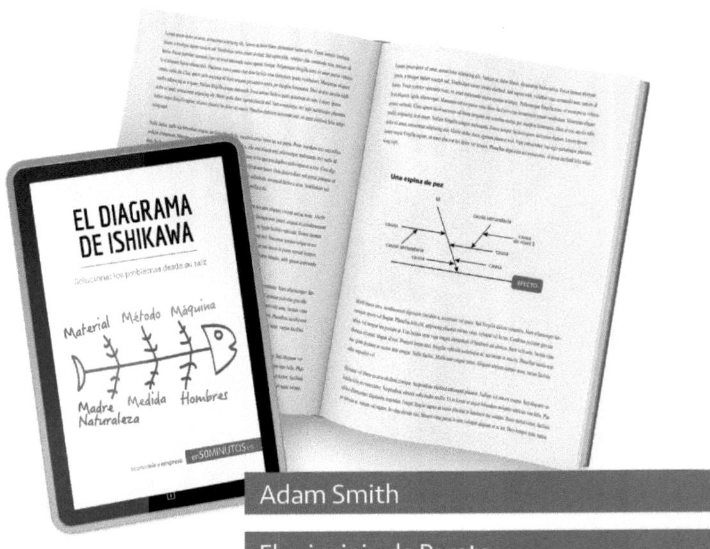

Adam Smith

El principio de Pareto

El estrés laboral

La pirámide de Maslow

LA INFLACIÓN

- **¿Problemática?** ¿Qué significan las aumentos generalizados y sostenidos de los precios y cómo entender la cantidad que representan? ¿Qué repercusiones concretas tiene la inflación sobre el poder adquisitivo y sobre el poder de decisión de los hogares y de las empresas? ¿Cómo invertir teniendo en cuenta esta variable limitante?
- **¿Utilidad?** Los institutos nacionales e internacionales de estadística son los encargados de calcular la tasa de inflación para determinar la tasa de crecimiento general y real del nivel de los precios en un período dado. Como el alza de los precios y de los salarios no varía proporcionalmente durante una fase de inflación, resulta necesario supervisar sus fluctuaciones para:
  - limitar los impactos negativos e intentar equilibrar las relaciones entre los principios básicos de la macroeconomía, es decir, la inflación, el desempleo y el PIB;
  - extraer cálculos de las ganancias reales que las inversiones actuales pueden generar a corto, medio (10-20 años) y largo plazo (50 años y más);
  - relativizar el desarrollo económico de un país diferenciando el crecimiento vinculado al alza de los precios de los bienes del relacionado con un crecimiento del volumen de la producción.
- **¿Palabras clave?**
  - <u>Cesta de la compra</u>: esta cesta está formada por un conjunto de productos de consumo y es una de las formas de medir la inflación y el coste de la vida. Para hacerlo, se analiza a lo largo del tiempo la evolución

de sus precios.
- ° <u>Poder adquisitivo</u>: capacidad para comprar una cantidad de bienes a cambio de una cantidad dada de dinero.
- ° <u>Precio constante</u>: precio vigente en el año de referencia.
- ° <u>Precio corriente</u>: precio vigente en un período dado.
- ° <u>Valor nominal</u>: cantidad que no tiene en cuenta los efectos de la inflación (la que se ha determinado en un principio).
- ° <u>Valor real</u>: cantidad que tiene en cuenta el impacto de la inflación.

Dado que la inflación, al igual que el desempleo y el PIB, es una de las grandes preocupaciones de las instituciones financieras nacionales e internacionales, es primordial conocer todos sus pormenores para enfrentarnos lo mejor posible a unas sinergias necesariamente relacionadas entre sí. Por consiguiente, todo inversor procurará mantenerse al tanto de las tendencias y de los acontecimientos monetarios que pueden afectar a su bolsillo.

<u>NOCIONES BÁSICAS</u>

- **Inflación**: alza prolongada y generalizada del nivel de los precios. Cuanto más bajo sea este último, más cantidad de bienes podrá permitir comprar la moneda de un país. Se habla de inflación cuando el nivel general de los precios aumenta y, en consecuencia, el poder adquisitivo disminuye —es decir, que el número de bienes que podemos comprar en

función de una cantidad de moneda determinada
desciende—.

- **Deflación**: fenómeno contrario al de la inflación.
  La deflación supone una bajada generalizada del
  nivel de los precios.
- **Desinflación**: disminución del ritmo de la inflación
  o descenso de la tasa de inflación; los precios continúan aumentando, pero lo hacen más despacio
  que antes.
- **Hiperinflación**: situación de inflación intensa.
  Dentro de la zona euro, la lucha contra la inflación es una tarea que incumbe al Banco Central
  Europeo (BCE). Su objetivo es mantener el nivel de
  inflación próximo, aunque inferior, al 2 %.

El inversor debe recordar que este fenómeno de la inflación
tiende a hacer que el valor de la moneda disminuya. De
hecho, es probable que un euro no valga lo mismo mañana.
Así, si piensa sobre la cantidad que recibirá cuando venza
su plan de pensiones teniendo en cuenta el valor actual de
la moneda, puede que se lleve una decepción. Veamos un
ejemplo más concreto: mientras que hoy se puede permitir
una casa de 165 m^2 por 150 000 €, dentro de 40 años solo
podrá comprarse un apartamento de 45 m^2 con esa misma
cantidad de dinero. Por suerte, existen fórmulas matemáti-
cas que permiten transformar una cantidad dada en función
de una predicción de la inflación. Y eso es precisamente lo
que queremos presentarte en esta obra.

Algunos países intentan mantener los precios bajos para ser competitivos en la economía global. Para ello, recurren a la devaluación de su moneda, haciéndola así más asequible para sus socios comerciales. A veces —aunque ocurre con menor frecuencia— los gobiernos organizan un descenso interno de los precios, o lo que es lo mismo, una deflación. Este fue el caso del Gobierno francés de Pierre Laval que, en 1935, redujo drásticamente el gasto público para que el poder adquisitivo de la población disminuyera, lo que conllevó un descenso de la demanda y, como consecuencia, una bajada de los precios.

TEORÍA Y PRESENTACIÓN DEL FENÓMENO

Evolución del índice de los precios desde 1996

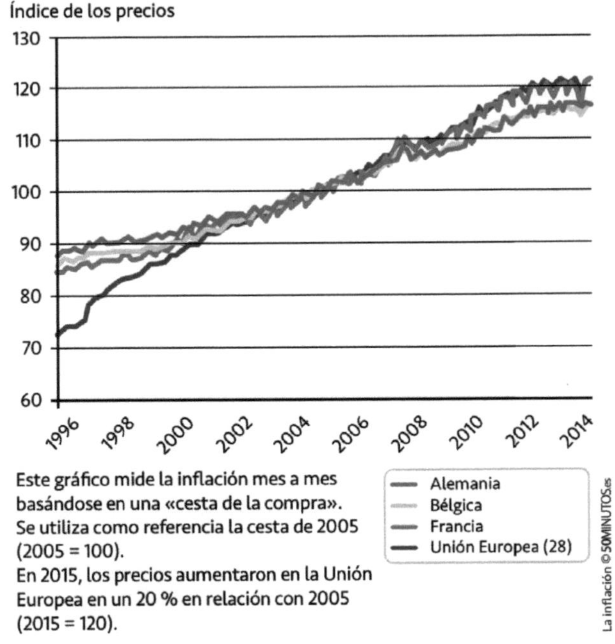

Este gráfico mide la inflación mes a mes basándose en una «cesta de la compra». Se utiliza como referencia la cesta de 2005 (2005 = 100).
En 2015, los precios aumentaron en la Unión Europea en un 20 % en relación con 2005 (2015 = 120).

LA INEVITABLE INFLACIÓN

Aunque pueden producirse períodos de deflación más o menos largos, la inflación es un fenómeno que afecta a la mayoría de países. El gráfico a continuación representa las fluctuaciones en este sentido que han tenido lugar durante los últimos 20 años en relación con el nivel de los precios de 2005 para cada uno de estos países/regiones. Se observa un aumento continuo de los precios.

¿De dónde viene?

La inflación puede ser el resultado de varios factores: la moneda, la demanda, los costes, las previsiones de los agentes económicos o un cambio estructural de los modos de consumo.

- **Inflación monetaria**: Irving Fisher (economista estadounidense, 1867-1947) afirma que el aumento de la masa monetaria provoca la inflación. Para evitarlo, la suma de los gastos realizados debe ser igual a la suma de las ventas. Podemos definir esta suma de los gastos como la masa monetaria en circulación (M) multiplicada por la velocidad de circulación de la moneda (V), es decir, la cantidad de veces que una unidad de moneda ha cambiado de propietario. Por su parte, la suma de las ventas es igual al nivel de los precios (P) multiplicado por el volumen de las transacciones (T). La fórmula matemática sería $M * V = P * T$. Para los monetaristas, la velocidad de circulación de la moneda (V) y el volumen de transacciones (T) son constantes a corto plazo. Por ello, si la masa monetaria en circulación (M) aumenta, el nivel de los precios (P) también lo hace. Para Milton Friedman (economista estadounidense, 1912-2006), la inflación monetaria es la única causa de inflación posible.
- **Inflación de demanda**: para John M. Keynes (economista británico, 1883-1946), la inflación no es solo un fenómeno

monetario, sino que también puede ser el resultado de un nivel de demanda superior al de la oferta. En el modelo económico clásico de la oferta y la demanda, los precios crecen cuando la curva de la demanda aumenta.

El modelo económico clásico de la oferta y la demanda

Con todo, hay que esperar hasta 1890 para que Alfred Marshall introduzca en su obra *Principios de economía* las curvas de oferta y de demanda que suelen aparecer en los libros de economía (cantidad en el eje de abscisas, precios en el de ordenadas, curva de demanda decreciente y curva de oferta creciente).

El modelo ha evolucionado, y varios economistas lo han adaptado. En *La riqueza de las naciones* (1776), el economista británico Adam Smith (1723-1790) se interesa por la interacción entre la oferta y la demanda. Más tarde, Antoine-Augustin Cournot (matemático francés, 1801-1877) examina en su obra *Investigaciones acerca de los principios matemáticos de la teoría de las riquezas* (1838) las nociones de duopolio, monopolio y competencia.

- **Inflación de costes:** cuando los costes de producción aumentan, las empresas tienen la tentación de compensarlo mediante un incremento de los precios de los bienes/servicios que comercializan. Este fenómeno se produjo sobre todo durante las crisis del petróleo de 1973 y 1979, puesto que el oro negro formaba parte integrante del coste de producción. Además del petróleo, hoy en día el aumento del nivel de los salarios y de los niveles impositivos son factores que hacen que el coste de producción aumente y, por consiguiente, el precio y la inflación. Cuando los que aumentan son los precios de los productos importados, este tipo concreto de inflación se denomina «inflación importada».

- **Inflación provocada por las previsiones de los agentes económicos:** cuando los agentes económicos anticipan un aumento de los precios, lo que hacen con el objetivo de evitar el problema es provocar ellos mismos una dinámica de inflación. Entonces, las familias comenzarán a pedir salarios más altos (lo que aumenta el coste de producción y, por tanto, la inflación) y las empresas aumentarán sus precios para mantener un beneficio constante, creando así una espiral inflacionista.

- **La inflación provocada por un cambio estructural en los modos de consumo:** si las preferencias de los consumidores cambian súbitamente, la demanda aumentará en ciertos sectores en detrimento de otros. Las consecuencias pueden ser graves: aumento del desempleo y, en paralelo, de la inflación.

Inflación y desempleo

William Phillips (economista neozelandés, 1914-1975) demuestra, sobre una base empírica, la correlación negativa existente entre la tasa de desempleo y la tasa de inflación, una relación que formaliza valiéndose de una curva a la que pone su nombre.

- A corto plazo, un descenso de la tasa de desempleo conlleva una inflación. En la práctica, esto significa que a las empresas les costará más encontrar mano de obra y que esta última aprovechará para pedir un aumento de salario, incrementando de esta manera el coste de producción.
- La «tasa de desempleo no aceleradora de la inflación» (NAIRU, siglas en inglés de *Non Accelerating Inflation Rate of Unemployment*), es la tasa de desempleo a partir de la cual la inflación va a estabilizarse. Esta tasa varía en función de los países y se toma en cuenta en las previsiones de la inflación.
- A largo plazo, según la interpretación monetarista, la relación entre desempleo e inflación se vuelve inestable. Esto se debe a que los asalariados, al ver que los precios han subido, exigirán un aumento de salario que a su vez provocará un incremento de los precios, creando así una espiral inflacionista. Las políticas de recuperación económica (cuyo objetivo es disminuir el desempleo) participan en este efecto inflacionista. Aunque la tasa de desempleo vuelva a sus niveles iniciales, la tasa de inflación, por su parte, no dejará de aumentar.

Consecuencias de la inflación

La inflación provoca un aumento de los costes que afecta tanto a los hogares como a las empresas, pero también tiene algunas ventajas.

Desventajas y ventajas

Desventajas	Ventajas
• **Disminución del poder adquisitivo,** ya que la mayoría de los productos se han encarecido y el consumidor puede comprar menos con el mismo salario. • **Pérdida de competitividad** debido al aumento de los precios de los productos nacionales en relación con los precios del resto del mundo. Así, según la teoría de la paridad del poder adquisitivo, cuando la tasa de inflación aumenta, la tasa de cambio disminuye proporcionalmente. Esta depreciación de la moneda restablece el equilibrio. • **Aparición de los «costes en suelas de zapatos» (o *shoe-leather costs*)** vinculada al hecho de que los agentes económicos acuden con más facilidad al banco, ya que es más interesante dejar su dinero en su cuenta bancaria que tenerlo en líquido, puesto que las elevadas tasas de interés van de la mano con una tasa de inflación alta. La imagen de las suelas de zapatos gastadas también representa el tiempo que un individuo le habría podido dedicar a otra cosa.	• **Valorización de los productos importados.** En comparación con los productos nacionales, que ven cómo sus precios aumentan, los productos importados se vuelven más baratos. No obstante, la tasa de cambio tenderá a ajustarse. • **Sensible aumento de personal,** ya que un poco de inflación reduce los salarios reales y puede permitir a las empresas contratar más (y, en consecuencia, disminuir el desempleo). • **Erosión de la deuda,** ya que, al contrario de lo que ocurre con el ahorro, para el prestatario será más fácil pagar sus deudas.

Desventajas	Ventajas
• **Acentuación de los costes de menú que las empresas deben soportar:** actualización más rápida de sus catálogos, anuncios o menús. • **Sentimiento generalizado de incertidumbre,** lo que hace que los inversores y los emprendedores sean más prudentes en períodos de fuerte inflación. • **Importante aumento del impuesto de plusvalía,** que se calcula sustrayendo el valor de compra al valor de reventa en períodos de fuerte inflación. • **Dificultad para calcular las recaídas en la inflación,** fenómeno de ilusión monetaria —ilustrado por Shafir, Diamond y Tversky— que insta a los agentes económicos a elegir una solución que genera más de manera nominal (sin tener en cuenta la inflación), pero menos en términos reales (teniendo en cuenta la inflación). • **Erosión del ahorro** bajo el efecto de la inflación, ya que el dinero que se guarda en una cuenta de ahorros pierde valor a medida que la inflación crece.	

La indexación salarial

Para corregir la bajada del poder adquisitivo de los hogares relacionada con la inflación, algunos países recurren a la indexación salarial, es decir, a un aumento de los salarios en función de la inflación. Este sistema, muy cuestionado, se utiliza principalmente en Bélgica, en Luxemburgo, en Chipre (congelado hasta 2016), en Malta y en España (mediante convenciones colectivas de trabajo).

LA DEFLACIÓN

Recordemos en qué consiste la deflación, el fenómeno inverso a la inflación: en un período relativamente largo (más de un trimestre), el nivel general de los precios disminuye. Esta tendencia, que a primera vista parece interesante para los consumidores, es en realidad un problema a escala económica global.

Los agentes económicos, al darse cuenta de que los precios caen, retrasan sus compras (porque creen que serán aún menos caras mañana) y, de esta forma, debilitan el crecimiento económico. Si esta situación se prolonga, las empresas deberán ajustar su producción a la demanda y podrían verse obligadas a despedir a una parte de su personal. A su vez, el alza masiva del desempleo tendrá un impacto negativo sobre la demanda global —los hogares tendrán menos dinero para consumir—, lo que se transformará en una bajada de los precios. Así, asistimos a un fenómeno de espiral deflacionista.

Al contrario de lo que sucede con la inflación, la deflación es beneficiosa para los prestamistas y desfavorable para los prestatarios. En el momento en que aumenta el valor de la moneda, resulta más interesante recibir dinero mañana y no hoy, ya que el poder adquisitivo se incrementa. Siguiendo esta lógica, se hace más difícil pagar el préstamo, ya que el salario de los hogares tiende a bajar.

APLICACIÓN

¿CÓMO ENFRENTARSE A ESTOS FENÓMENOS?

Antes de decidir invertir es primordial comprender bien el mecanismo de la inflación. Además, todo inversor sensato respeta algunos principios:

- recuerda que no tiene que mirar desde la perspectiva del presente el dinero que recibirá en el futuro;
- cuando vence el plan de ahorros u otro tipo de inversión, efectúa una predicción de la inflación y lleva el capital acumulado a un valor actual;
- en período de inflación, prefiere tomar prestado antes que prestar dinero: invierte en acciones, en el sector inmobiliario (porque los alquileres suelen estar indexados a la inflación) o en materias primas (con un rendimiento interesante pero no necesariamente accesible al gran público). De la misma manera, tiene en cuenta valores refugio como el oro y la plata como estrategia de inversión;
- en período de deflación, prefiere comprar obligaciones de tipo fijo o invertir en cuentas a plazo, porque sabe que no es aconsejable endeudarse o comprar acciones debido a posibles espirales deflacionistas que minen el crecimiento de las empresas.

¿CÓMO DARSE CUENTA DE ESTAS FLUCTUACIONES DE LOS PRECIOS?

En la zona europea, el sistema empleado para calcular la inflación se llama Índice de Precios de Consumo Armonizado (IPCA) y permite realizar una comparación interestatal. El cálculo de este índice se realiza a partir de la cesta de la compra, que agrupa los bienes consumidos en un país o en una región y que son ponderados en función del consumo real de la población. Encontramos productos alimentarios, bienes duraderos (coche, ordenadores, etc.) y servicios (seguros, alquileres, etc.). Su composición varía con el paso del tiempo, a la imagen de los cambios que se registran en los hábitos de consumo (por ejemplo, en 2015, el lector MP3 desaparece del índice belga y la bicicleta eléctrica entra en él).

En esta tabla presentamos una cesta de la compra imaginaria que ilustra el método que utilizan los institutos de estadística nacionales e internacionales para calcular la inflación:

Composición de la cesta de la compra	Precio (año de referencia)		Precio (un año más tarde) Año 2		Precio (dos años más tarde) Año 3	
	Precio unitario	Total	Precio unitario	Total	Precio unitario	Total
100 manzanas	0,30 €	30 €	0,25 €	25 €	0,35 €	35 €
50 * 400 g de pan integral	1,30 €	65 €	1,40 €	70 €	1,40 €	70 €
10 visitas a la peluquería	15 €	150 €	16 €	160 €	17 €	170 €
2 camisas	20 €	40 €	22 €	44 €	25 €	50 €
Precio total de la cesta		285 €		299 €		325 €
Índice de los precios		100	299/285 * 100	104,91	325/285 * 100	114,035
Tasa de inflación				4,91 %	(325/299) * (100)-100	8,70 %

1. En un primer momento, el organismo encargado de las estadísticas se fija en qué productos forman la cesta de referencia, así como en el precio y la cantidad de estos.

2. A continuación, se suman los importes de estos productos con el fin de obtener el precio total de la cesta, que servirá de referencia para elaborar el resto del cálculo matemático. Al año siguiente se aplica el mismo principio, haciendo posible comparar la nueva cesta calculada con la del año de referencia.

3. El índice de los precios resulta de la división del coste total de la cesta (del año de nuestra elección) entre el coste

total de la cesta del año de referencia. Para el año 2, el cálculo es el siguiente: 299/285 * 100 = 104,91. Este índice nos muestra que los precios son un 4,91 % más elevados que los del año de referencia.

4. La tasa de inflación representa la variación del precio de la cesta de la compra de un año para otro. Es posible utilizar dos métodos para calcular el del año 3:

  ○ dividir el precio de la cesta del año 3 entre el coste de la cesta del año 2, y a continuación multiplicar por 100 el resultado, es decir, 325/299 * (100) – 100 = 8,70 %;
  ○ restarle al precio de la cesta del año 3 el coste de la cesta del año 2, dividir el resultado por el índice del año 2 y multiplicarlo por 100, es decir, (114,035 – 104,91)/104,91 * 100 = 8,70 %.

Estos dos métodos llevan al mismo resultado: en el año 3, los precios son un 14,04 % más altos que los del año de referencia, y un 8,7 % superiores a los del año 2.

Es interesante constatar en este ejemplo que no todos los precios de los bienes han aumentado, y que algunos incluso han disminuido; este es especialmente el caso de las manzanas entre el año de referencia y el año 2. Por tanto, la tasa de inflación mide la media del aumento de los precios.

ESTUDIOS DE CASO

Ahora examinemos detalladamente las consecuencias para los ahorradores y los prestamistas. Comencemos por casos simples.

Caso simple: pedir prestada una cantidad única

Tomemos el ejemplo de alguien que quiere comprar una casa y que acude a su banco con el objetivo de obtener un préstamo de 100 000 €, la cantidad que necesita para adquirir la vivienda. Su banquero le propone una tasa anual del 4 % en 20 años. Al final de este período, el prestatario debería haber pagado 144 532,50 €. ¿Pero, a qué se corresponde hoy en día esta cantidad si tenemos en cuenta una inflación del 2 %?

En realidad, el valor de esos 144 532,50 € va a disminuir año tras año, por lo que hay que tener en cuenta la tasa de inflación que, en nuestro ejemplo, es de un 2 % anual. La tabla que presentamos a continuación muestra las variaciones del valor global del dinero que hay que devolver anualmente teniendo en cuenta la inflación.

N	144 532,50 €
N+1	144 532,50 €/1,02 = 141 698,53 €
N+2	141 698,53 €/1,02 = 138 920,13 €
N+3	138 920,13 €/1,02 = 136 196,20 €
N+...	...
N+20	97 266,23 €

El valor real disminuirá en un 2 % anual en relación con el año precedente. Conocemos el valor futuro (S_n), pero no conocemos el valor actual (S_0), es decir, el dinero que corresponde a día de hoy al valor de esa misma cantidad de dinero pasados 20 años. El valor actual sufre la misma tasa (t) anual, lo que entonces podemos simplificar en tasa elevada a la potencia equivalente al número de años (n). Si multiplicamos esta cifra por el valor actual, obtenemos el valor final ($S_n = S_0 * (1 + t)^n$).

Si convertimos esta fórmula, obtenemos una que permite calcular el valor actual:

$$\textit{Suma invertida} * \frac{1}{(1 + \textit{tasa de inflación estimada})^{\text{número de años}}}$$

En nuestro caso, obtenemos:

$$144\ 532{,}50\ \text{€} * \frac{1}{(1 + 0{,}02)^{20}} = 97\ 266{,}23\ \text{€}$$

El prestatario se ve entonces favorecido por la inflación. De hecho, a medida que pasan los años, la mensualidad que paga representa una parte cada vez menor de su presupuesto, porque el poder adquisitivo no deja de descender.

Caso simple: prestar una cantidad única

Imaginemos el caso de un ahorrador que deposita 1000 € en una cuenta a plazo durante 5 años con una tasa de interés nominal del 5 % anual. El primer año, el ahorrador recibirá 1000 € * 5/100 = 50 € de intereses. Si deja estos intereses en la cuenta, estos generarán por sí mismos intereses (intereses compuestos). El año 2, el ahorrador recibirá 1050 € * 5/100 = 52,5 €, y así sucesivamente. Esta tabla reagrupa los datos recopilados según este principio hasta el año 5.

N	1 000 €
N+1	1 000 € + 1 000 € * (5/100) = 1 050 €
N+2	1 050 € + 1 050 € * (5/100) = 1 102,5€
N+3	1157,63 €
N+4	1215,51 €
N+5	1276,28 €

Podemos generalizar la tabla mediante la siguiente fórmula:

$$(1 + tasa)^{\text{número de períodos}}$$

En este caso concreto, obtenemos:

$$(1 + 0{,}05)^5 * 1\,000 \, € = 1276{,}28 \, €$$

Este dinero, que se recibirá cinco años más tarde, se mira desde la perspectiva del presente y todavía no tiene en cuenta la inflación. Imaginemos que la tasa de inflación sea de un 2 % anual. La siguiente tabla muestra las variaciones del valor global del dinero que hay que reembolsar cada año, teniendo en cuenta la inflación.

N	1 276,28 €
N+1	1 276,28 €/1,02 = 1 251,26 €
N+2	1 251,26 €/1,02 = 1 226,72 €
N+3	1 226,72 €/1,02 = 1 202,67 €
N+4	1 202,67 €/1,02 = 1 179,09 €
N+5	1 179,09 €/1,02 = 1 155,97 €

Pasados cinco años, los 1276,28 € ya solo valen 1155,97 € si tenemos en cuenta una inflación anual del 2 %. Cuanto más alta es la inflación, más disminuye el poder adquisitivo resultante del ahorro. Para calcular la cantidad en el año 5 teniendo en cuenta la tasa de inflación, volvemos a utilizar la fórmula ya empleada. En nuestro ejemplo, obtenemos:

$$1276,28 \ € * \frac{1}{(1 + 0,02)^5} = 1155,97 \ €$$

Si tenemos en cuenta la inflación, la renta real del ahorrador (el prestatario) ha disminuido. Al contrario, el banco (el prestamista) ha podido utilizar enseguida una cantidad de dinero que vale más en el año N que en el momento en el que tiene que restituir el capital, en el año N + 5.

Caso de una cantidad periódica

Supongamos ahora que este ahorrador quiere contratar un plan de pensiones y aporta 1000 € anuales durante 15 años a una tasa del 4 %. El año N, el ahorrador coloca 1000 € que, en el año N + 1, generan 1000 € * 4/100 = 40 € de intereses. En el año N + 1, deja esos 40 € de intereses y añade 1000 €, que generan juntos en el año N + 2 un total de 2040 € * 4/100 = 81,60 € de intereses y que se añaden a los 1040 €, y así sucesivamente.

Esta sucesión matemática puede resumirse en una fórmula que permite obtener el resultado del año 15:

$$\text{Cantidad depositada periódicamente} \; \cdot \; \frac{(1 + \textit{tasa})^{\text{número de períodos}} - 1}{\textit{tasa}}$$

En nuestro ejemplo, obtenemos:

$$1\,000\,\text{€} * \frac{(1 + 0{,}04)^{15} - 1}{0{,}04} = 20\,023{,}59\,\text{€}$$

Esta cantidad representa la suma que el ahorrador obtendrá en un plazo de 15 años. Cuando el banco le anuncia esta cifra al ahorrador, este reflexiona en términos del año actual. Con el efecto de la inflación, esta cantidad no le permitirá comprar dentro de 15 años lo que puede comprar hoy. Por tanto, hay que llevar esta cantidad a un valor presente. Los 20 023,59 € valen a día de hoy (cálculo del caso simple): $20\,023{,}59 * 1/(1 + 0{,}02)^{15} = 14\,877{,}82\,\text{€}$.

El precio de recompra de esta renta sin intereses pero con una inflación del 2 % se calcula así: $1000\,\text{€} * 1 - (1 + 0{,}02)^{-15} = 12\,849{,}26\,\text{€}$. Dicho de otra manera, teniendo en cuenta una inflación del 2 %, la suma de las transferencias de 1000 € anuales durante 15 años —es decir, 15 000 € en total— se corresponde en realidad con un poder adquisitivo de unos 12 849,26 € actuales. Para ofrecerle al ahorrador una rentabilidad real positiva, la tasa de interés que le propone el banco debe ser superior a la inflación. En nuestro caso, si la inflación es de un 2 %, para compensar habría que obtener un ahorro final superior a 1000 * (1 + 0,02)^{15} – 1/0,02 = 17 293,41 €.

Para pasar la tasa de interés nominal a la tasa de interés real, utilizamos la siguiente fórmula:

$$(1 + tasa\ nominal) = (1 + tasa\ real) * (1 + tasa\ de\ inflación)$$

La tasa de interés real es anticipada, ya que es evidente que no se puede prever una tasa de inflación exacta para los próximos años. En nuestro ejemplo, esta tasa anticipada es 1,04/1,02 – 1 * 100 = 1,96 %, ya que 1,04 = 1,0196 * 1,02. Incluso a sabiendas de que no es posible conocer la tasa real efectiva de antemano, esta previsión es crucial.

Simulación general

Es de vital importancia comprender las nociones que hemos abordado para invertir de manera racional. Imaginemos a un ahorrador que se enfrenta a los siguientes casos:

	Tasa de rendimiento nominal	Tasa de inflación
Situación 1	5 %	6 %
Situación 2	3 %	2 %
Situación 3	3 %	- 2 %

- Si observamos la situación 1, la tasa de inflación es superior a la tasa de rendimiento nominal, lo que se traduce en una erosión completa del rendimiento debido a la inflación. No sorprende que la tasa de rendimiento real sea negativa: 1,05/1,06 – 1 * 100 = 0,94 %.
- La situación 2 presenta una tasa de rendimiento nominal superior a la inflación, lo que resulta más interesante que el primer escenario. La tasa de rendimiento efectivo es de 1,03/1,02 – 1 * 100 = 0,98 %.
- La situación 3 muestra una situación de deflación, por lo que los precios no se revisan al alza sino a la baja, lo que supone una ventaja para el ahorrador. La tasa de rendimiento real es la más beneficiosa de las tres: 1,03/0,98 * – 1 * 100 = 5,10 %.

Estas situaciones ilustran el fenómeno de la ilusión nominal expuesta más arriba. A primera vista, tendríamos la tentación de elegir la primera situación, ya que presenta la tasa de rendimiento nominal más elevada; sin embargo, esta es en realidad la menos rentable, ya que la variable de la inflación desempeña un papel determinante. ¡Ten esto en cuenta antes de decidir invertir!

Además, es interesante recordar que las tasas de interés se ven parcialmente determinadas por la inflación. En efecto, en períodos de fuerte inflación, los bancos centrales tenderán a aumentar las tasas de interés de referencia, es decir, las que se emplean como indicador tanto para los depósitos como para los créditos. Actúan así con la intención de animar a los agentes económicos a que depositen su dinero y para disuadirlos de pedir préstamos para invertir. Como consecuencia, frenan la demanda y, con ello, la inflación provocada por la excesiva demanda. Se observa el fenómeno contrario en casos de inflación baja. Por lo tanto, resulta difícil obtener tasas de interés elevadas cuando existe una situación de baja inflación, y viceversa.

REPERCUSIONES

LÍMITES Y CRÍTICAS DEL MODELO

- **La fiabilidad de las estadísticas disponibles sobre la cesta de la compra (composición y cantidad).** La primera crítica que podemos realizar se dirige a la forma de medir la inflación. La asociación francesa de consumidores UFC Que Choisir ha creado su propio índice de precios. El número de productos y de servicios tomados en cuenta es más limitado, pero el índice es más elevado que el calculado por el instituto de estadísticas francés, el INSEE. Por consiguiente, este índice muestra una inflación superior en relación con el índice oficial. La falta de transparencia sobre los productos exactos que componen el índice (porque el tipo de producto se da a conocer más o menos dependiendo del país) es comprensible, pero impide que el consumidor pueda determinar si el índice es realmente fiable. Este quiere reflejar con la mayor fidelidad posible los gastos de los hogares, y para ello incorpora también bienes y servicios que mucha gente utiliza muy poco, o incluso nunca (ej.: solárium).
- **La lucha encarnizada contra la inflación.** La misión del Banco Central Europeo es mantener la inflación en un nivel inferior pero cercano al 2 % en la zona europea. Sin embargo, en períodos de crisis, algunos autores (como Akerlof, Dickens y Perry) consideran que un aumento de la inflación por encima del 2 % podría revelarse beneficioso. En efecto, las empresas se enfrentan a la siguiente elección cuando les cuesta mantener a todo su personal por culpa de la disminución de la actividad económica:

bajar el sueldo de sus empleados o despedir a una parte. Como los asalariados a menudo se muestran reticentes a un descenso nominal del salario, aumentar la tasa de inflación permite llegar al mismo resultado y, de esta forma, evitar los despidos masivos y la reticencia de los trabajadores (porque conlleva también un descenso del salario real). La inflación también puede permitir la recuperación de la economía, ya que anima a los agentes económicos a gastar su dinero, puesto que con la misma cantidad pueden comprar más cosas hoy que en el futuro. Finalmente, la inflación baja beneficia a los rentistas en detrimento de los emprendedores. A los prestamistas les benefician los periodos de baja inflación y los prestatarios tienen más problemas para devolver su préstamo.

EXTENSIONES Y VARIANTES

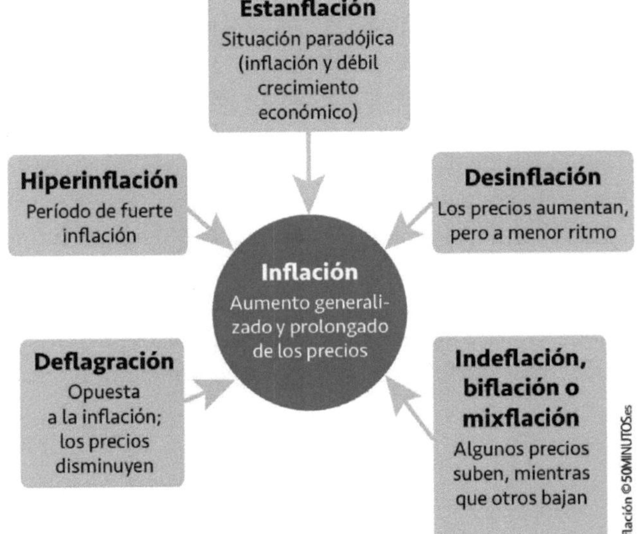

- **Hiperinflación**: la hiperinflación designa un período de fuerte inflación. Philip Cagan (economista estadounidense, 1927-2012) la define como una situación en la que los precios aumentan en un 50 % cada mes. En esta situación, la población preferirá utilizar otra moneda más estable.

- **Estanflación**: la palabra estanflación es una contracción de «estancamiento económico» y de «inflación» y designa una situación que presenta una tasa de inflación y un débil crecimiento económico. Esta situación paradójica se explica por una inflación provocada por la divisa o por los costes y no por la demanda. Por ejemplo, la crisis petrolífera de 1973 provocó un período de estanflación.

- **Desinflación: no confundir con deflación. En situación de desinflación, los precios continúan aumentando, pero a menor ritmo que en la inflación.**
- **Indeflación, biflación o mixflación:** estas palabras designan un mismo concepto, es decir, una situación en la que ciertos precios suben y otros bajan al mismo tiempo. Por ejemplo, el precio de los productos alimentarios aumenta mientras que el de los bienes inmuebles cae. En caso de recesión o de actividad económica débil, los hogares continuarán alimentándose, pero dejarán de invertir en bienes inmuebles o en coches, por ejemplo. Dado que la inflación se mide a través de la cesta de la compra, que tiene en cuenta los bienes duraderos, este concepto, aunque es interesante, va una vez más en contra de la teoría. Nos encontramos ante la posibilidad de que se produzca un alza generalizada de los precios o no, y de que se produzca una inflación o no. Además, ya hemos visto que es posible que haya inflación incluso cuando algunos precios disminuyen.

EN RESUMEN

- El valor del dinero no es constante, sino que fluctúa a lo largo del tiempo.
- El mecanismo de la inflación limita el poder adquisitivo de los hogares mediante un alza generalizada del nivel de los precios. La medimos valiéndonos de una cesta de bienes y servicios que representa los gastos de los agentes económicos.
- La deflación es el fenómeno inverso a la inflación, ya que se trata de una bajada del nivel general de los precios. Esta situación frena el crecimiento económico, ya que los agentes económicos retrasan sus compras. En efecto, quieren obtener el mejor precio ya que saben que este no para de caer.
- Algunas de las causas de la inflación son una demanda excesiva de productos y de servicios por parte de los agentes económicos, un aumento del coste de producción y una cantidad demasiado elevada de moneda en circulación.
- La inflación no incita a las empresas a invertir, ya que instala insidiosamente un clima de incertidumbre económica.
- Este fenómeno disminuye el rendimiento de los prestamistas y favorece a los prestatarios, que devuelven sumas de dinero cuyo valor real disminuye con el paso del tiempo.
- En períodos de inflación, se aconseja invertir en las materias primas y en las acciones; al contrario, en períodos de deflación se recomienda comprar obligaciones de tipo

fijo y cuentas a plazo.

- Cuando planeamos invertir, hay que trasladar los datos al valor actual, que tiene en cuenta la inflación.
- Los bancos centrales consideran la deflación como una situación menos favorable que la inflación. Por eso el Banco Central Europeo se fija un nivel de inflación próximo al 2 % pero por debajo de este.

PARA IR MÁS ALLÁ

FUENTES BIBLIOGRÁFICAS

- Akerlof, Georges A., William T. Dickens y Georges L. Perry. 1996. "The Macroeconomics of Low Inflation". *Brookings Papers on Economic Activity*. Enero. Consultado el 25 de enero de 2017. http://www.brookings.edu/~/media/Projects/BPEA/1996-1/1996a_bpea_akerlof_dickens_perry_gordon_mankiw.PDF
- Banco Central Europeo, "¿Qué es la inflación?". Consultado el 25 de enero de 2017. http://www.ecb.europa.eu/ecb/educational/hicp/html/index.es.html
- Blanchard, Olivier y Daniel Cohen. 2010. *Macroéconomie*. 5.ª ed. Montreuil: Pearson Education France.
- Brealey, Richard, Stewart Myers y Franklin Allen. 2006. *Principes de gestion financière*. 8.ª ed. Montreuil: Pearson Education France.
- Chartoire, Renaud y Sophie Loiseau. 2014. *L'économie. Retenir l'essentiel*. Francia: Nathan, colección *Repères pratiques*.
- Daniel, Jean-Marc. 2014. *Manuel d'économie*. París: Ellipses, colección *Optimum*.
- Eurostat, "HICP all items". Consultado el 25 de enero de 2017. http://ec.europa.eu/eurostat/web/products-datasets/-/teicp000
- Fisher, Irving. 1922. *The purchasing power of money*. 2.ª ed. Nueva York: The Macmillan Co. Consultado el 25 de enero de 2017. http://www.econlib.org/library/YPDBooks/Fisher/fshPPM8.html
- Lecaillon, Jean-Didier, Jean-Marie Le Page y Christian

Ottavj. 2008. *Économie contemporaine, Analyses et diagnostics*. 3.ª ed. Bruselas: De Boeck.

- Leroux, Éric. 2011. "Comment doper son épargne en profitant de l'inflation". *La Tribune.* 8 de abril. Consultado el 25 de enero de 2017. http://www.latribune.fr/vos-finances/epargne/20110408trib000614210/comment-doper-son-epargne-en-profitant-de-l-inflation.html
- Mankiw, Gregory. 2014. *Brief Principles of Macroeconomics*. 7.ª ed. Boston: Cengage Learning.
- Shafir, Eldar, Peter Diamond y Amos Tversky. 1997. "Money illusion". *The Quarterly Journal of Economics*, 341-374.
- Sloman, John y Alison Wride. 2013. *Principes d'économie*. 7.ª ed. Montreuil: Pearson Education France.

FUENTES COMPLEMENTARIAS

- Eurostat, "Inflation in the euro area", 2016. Consultado el 25 de enero de 2017. http://ec.europa.eu/eurostat/statistics-explained/index.php/Inflation_in_the_euro_area
- Inflation. Consultado el 25 de enero de 2017. http://www.inflation.eu/
- INSEE, "Indice des prix à la consommation / IPC", 2016. Consultado el 25 de enero de 2017. https://www.insee.fr/fr/metadonnees/source/s1308#documentation
- SPF Économie, "Prix à la consommation". Consultado el 25 de enero de 2017. http://statbel.fgov.be/fr/statistiques/chiffres/economie/prix_consommation/

en50MINUTOS.es
Historia
Economía y empresa
Coaching
Book Review
Salud y bienestar
EL DIAGRAMA DE ISHIKAWA
LA GUERRA DE PALESTINA DE 1948
DOMINA EL ARTE DEL NETWORKING
¡APRENDER NUNCA ANTES FUE TAN RÁPIDO!
www.en50minutos.es

www.en50Minutos.es

ISBN ebook: 9782806293244

ISBN papel: 9782806293251

Depósito legal: D/2017/12603/30

Libro realizado por Primento, el socio digital de los editores